Pia Korsholm · Herbert Oetzmann

Wie die Wespen miteinander leben

Quelle & Meyer

CIP-Kurztitelaufnahme der Deutschen Bibliothek

Korsholm, Pia:
Wie die Insekten miteinander leben / Verf.: Pia Korsholm; Herbert Oetzmann. – Heidelberg: Quelle & Meyer

NE: Oetzmann, Herbert:

– Korsholm, Pia: Wie die Wespen miteinander leben

Korsholm, Pia:
Wie die Wespen miteinander leben / Pia Korsholm; Herbert Oetzmann.
[Übers. aus d. Engl.: Karin Oetzmann].
– 1.-5. Tsd. – Heidelberg: Quelle & Meyer, 1982.
(Wie die Insekten miteinander leben / Verf.: Pia Korsholm; Herbert Oetzmann)
Einheitssacht.: Gedehamse «dt.»
ISBN 3-494-01083-8

NE: Oetzmann, Herbert:

Titel: Wie die Wespen miteinander leben
Verfasser: Pia Korsholm · Herbert Oetzmann
Dänische Redaktion: Flemming Lundahl
Zeichnungen: Bjarne Nielsen
Übersetzung aus dem Englischen: Karin Oetzmann
Originaltitel: Gedehamse
ISBN: 87-16-02506-7
Bildmaterial:
Naturfoto, Tisvilde, unter Mitwirkung folgender Fotografen:
Hansen, Elvig (S. 1, 4, 5, 6, 7, 8, 9, 10, 11, 12, 13, 14, 15, 16, 17, 18, 19, 20, 21, 24, 29);
Hansen, Gerth (S. 28);
Martin, Ole (S. 27);
Schmidt, Ulla (S. 28, 30);
Westergaard Knudsen, Niels (S. 21, 23, 25, 26, 27, 31, Umschlagbild)
Gedruckt bei Europrinte in Portugal

1.-5. Tausend 1982

ISBN 3-494-01083-8

Inhalt

Dieses Bild hast du im Sommer sicherlich auch schon beobachtet. Um den Kuchen wirst du einen großen Bogen machen, aus Angst, gestochen zu werden. Weißt du aber, wer vom Zuckerguß frißt?

Auf dem Kuchen sitzen Wespen. Woran du das erkennen kannst? Die Tiere haben kräftig schwarzgelb gestreifte Körper. Außerdem trennt eine Einschnürung, die Wespentaille, den Hinterleib vom übrigen Körper.

Den Bau des Kopfes kannst du hier gut auf dem kleinen Bild erkennen. Es ist der Kopf einer ganz jungen Wespe. Oben am Kopf sitzen ein wenig seitlich die mächtigen Augen und in der Mitte davor zwei lange Fühler oder Antennen. Weiter unten sitzen zwei kräftige Oberkiefer. An ihren Innenkanten stehen spitze Zacken. Mit diesen Kiefern können Wespen kräftig beißen.

Den Stachel der Wespen kannst du auf beiden Bildern nicht sehen. Er sitzt im Hinterleib und kommt nur bei Gefahr heraus.

Was wir Wespen nennen, zählt der Biologe zu den Sozialen Faltenwespen. Es gibt davon bei uns etwa 60 verschiedene Arten. Sie leben alle gesellig in Völkern zusammen. Sie bauen alle Nester aus einem papierartigen Holzbrei. In einem Nest lebt ein Wespenvolk. Es besteht aus einer Königin, die das Volk gegründet hat, und vielen Arbeiterinnen. Vorübergehend leben im Sommer im Nest auch junge Königinnen und Drohnen, das sind männliche Tiere.

Kopf einer jungen Wespe, die aus der Puppe schlüpft.

Was fressen Wespen?

Kuchen, Zucker und süße Früchte magst du antworten. Das ist auch nicht verkehrt, denn im Spätsommer kommen die Wespen auf der Futtersuche zu uns und naschen von allem, was süß ist. Draußen beißen sie Früchte an und lecken den süßen Saft aus der Wunde auf. Vor allem saugen Wespen aber Nektar aus den Blüten.

Außerdem jagen Wespen Insekten. Nachdem sie die Beute getötet haben, beißen sie ihr die Flügel und Beine ab. Dann zerkauen sie den übrigen Körper der Beute zu einem Fleischbrei, den sie in ihrem Kropf speichern. Ist der Kropf voll, fliegt die Wespe ins Nest zurück. Dort würgt sie den Fleischbrei wieder aus. Eine andere Wespe füttert damit die Larven.

Die Wespen sammeln auch Nektar. Sie fliegen von Blüte zu Blüte und saugen den Nektar heraus. Diesen speichern sie in ihrem Kropf. Im Stock geben sie den Nektar an eine hungrige Wespe weiter, die etwas davon frißt. Den Rest speichert die gesättigte Wespe in ihrem Kropf, bis sie von einer anderen hungrigen Wespe angebettelt wird. So wandert der Nektar von Wespe zu Wespe, bis er verzehrt ist.

Die erwachsenen Wespen leben also von Nektar und anderen süßen Säften. Sie füttern sich damit gegenseitig. Die Larven werden mit eiweißreichem Fleischbrei gefütttert.

Eine Arbeiterin füttert eine junge Wespenkönigin.

Zwei Wespen und eine Biene saugen süßen Saft aus einer überreifen Pflaume. Du kannst auf diesem Bild einige Unterschiede zwischen Wespen und Bienen erkennen. Der Körper der beiden Wespen ist auffällig gelbschwarz gemustert. Der Körper der Biene ist bräunlichschwarz gemustert. Die Flügel der Wespen sind im Sitzen schmal zusammengefaltet. Die Flügel der Biene dagegen nicht. Außerdem ist der Körper der Biene behaart. An den Wespen fällt noch die Wespentaille auf.

Manchmal sammeln die Wespen auch den süßen Honigtau, den Blattläuse ausscheiden. Von diesem Honigtau leben auch die erwachsenen Ameisen. Hungrige Wespen dringen sogar in Bienenstöcke ein und stehlen dort Honig.

Die Wespen speichern im Nest keine Nahrungsvorräte wie die Bienen oder die Ernteameisen.

Ihre Larven füttern die Wespen reichlich. Dafür bekommen sie auch etwas von den Larven. Diese scheiden während der Fütterung kleine, wasserklare Flüssigkeitstropfen am Mund aus. Diese Flüssigkeit ist stark zuckerhaltig. Die fütternden Wespen lecken diese Tropfen sofort auf. Sie sind – menschlich ausgedrückt – ein Leckerbissen für die Wespen.

Eine Wespe hat eine Stubenfliege erlegt. Sie hat bereits einen Flügel von der Fliege abgebissen.

Der Bau des Nestes

Die Königin verläßt etwa im April ihr Versteck, in dem sie überwinterte. Zunächst fliegt sie von Blüte zu Blüte und stillt ihren Hunger mit Nektar. Dann sucht sie einen Platz für den Nestbau.

Wo sie ihr Nest baut, ob in der Erde oder oberirdisch, ist bei den verschiedenen Wespenarten unterschiedlich. Einige bauen ihr Nest unter der Erde in verlassenen Mäusebauen oder Maulwurfsgängen. Andere legen es unter dem Gebälk auf Dachböden an oder in wenig benutzten Räumen, ja sogar in leeren Nistkästen oder hängen es im Gebüsch zwischen die Äste der Sträucher.

Alle Wespen bauen das Nest aus einem Holzbrei. Dazu beißen sie kleine Stücke totes Holz von ungestrichenen, verwitterten Holzzäunen, Dachbalken oder Telefonmasten ab. Sie zerkauen das Holz und mischen es mit ihrem klebrigen Speichel. Am Nistplatz formen sie daraus mit ihren Kiefern längliche papierdünne Streifen.

Mit dem Nestbau beginnt die Königin im Frühjahr allein. Sie baut aus dem Holzbrei als erstes am Nestplatz an einer festen Unterlage einen Stiel zum Aufhängen der Zellen. Daran formt sie eine Zelle, die nach unten offen ist. Bald hat sie daneben eine zweite Zelle angefertigt. Zum Schutz baut sie darüber um den Stiel eine Hülle. Sie hat die Form eines aufgespannten Regenschirmes.

In jede der beiden Zellen legt die Königin ein befruchtetes Ei und klebt es am Boden der Zelle fest. Dann baut die

Eine Wespenkönigin beim Holzabnagen. Sie zerkaut das Holz zu einem feinen Brei.

1

2

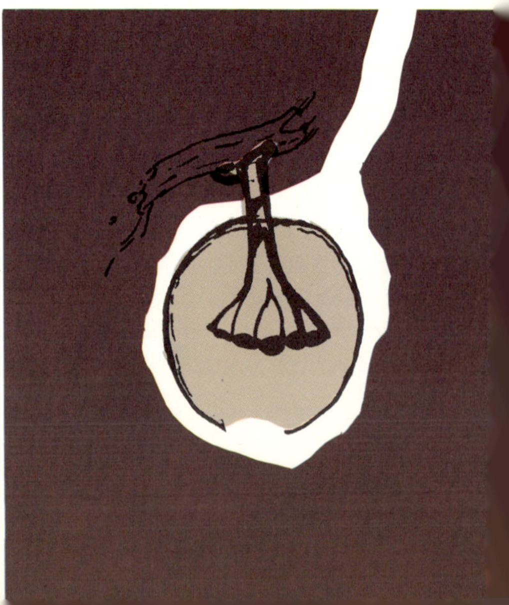

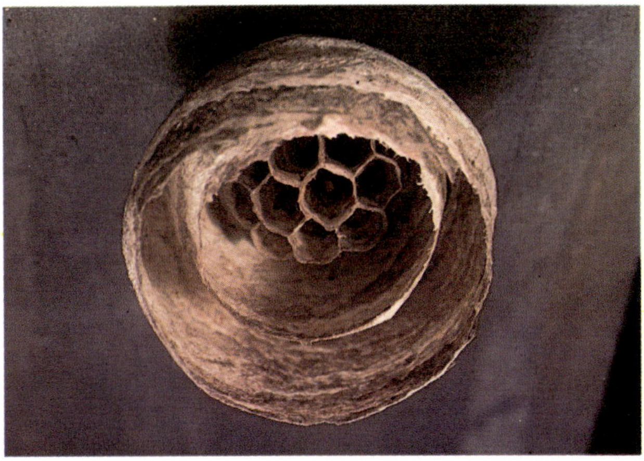

Dieses Nest hat eine Wespenkönigin allein gebaut. Es besteht aus zehn sechseckigen Zellen und einer doppelschichtigen Hülle.

Königin weitere Zellen. Sie sitzen waagerecht neben den ersten beiden Zellen. Nach einer Woche hat die Königin acht bis zehn sechseckige Zellen errichtet. In jede Zelle legt sie ein befruchtetes Ei. Sie vergrößert auch die Hülle, die schon bald eine kugelige Form bekommt.

Die Königin verläßt das Nest zwischendurch nur für kurze Zeit, um Nektar zu sammeln.

Bald helfen beim Nestbau auch die Arbeiterinnen mit, die aus den ersten im Frühjahr gelegten Eiern schlüpfen. Im Laufe des Sommers bauen die Wespen unter der ersten Wabe weitere Waben. Dazu wird der Stiel in der Mitte ver-

Der Bau eines Wespennestes.
Bild 1: Der Stiel mit zwei Zellen.
Bild 2: Das Nest enthält etwa zehn Zellen und eine große Schutzhülle.
Bild 3: Weitere Zellen sind an die ersten Zellen angebaut. Das Nest ist schon viel größer. Arbeiterinnen haben bei dieser Vergrößerung schon mitgeholfen.
Bild 4: Das fertige Nest aus drei Zellschichten oder Waben und einer mehrschichtigen Hülle.

3

4

längert, und seitlich halten zusätzliche Stützbänder die Waben fest. Bis zum Hochsommer bauen die Arbeiterinnen ein fußballgroßes Nest. Es ist in eine mehrschichtige Hülle eingebettet.

Meist ist die ursprünglich von der Königin für den Nestbau ausgewählte Höhle zu klein für das Nest. Dann erweitern die Wespen die Erdhöhle. Sie schleppen Erde heraus, rollen Steine beiseite. Sie leisten Schwerstarbeit.

Die Schutzhülle, die du auf dem großen Bild auf Seite 11 siehst, ist schließlich siebenschichtig.

Aus den ersten Eiern schlüpfen sechs bis zehn Tage später Larven. Jetzt muß die Königin neben dem Bau am Nest auch noch die Larven versorgen. Drei bis fünf Wochen später haben sich aus den Larven die ersten Arbeiterinnen entwickelt. Sie helfen mit beim Nestbau. Die ersten vier bis sechs Wochen im Frühjahr baut die Königin allein das Nest.

Ab Mitte Juni verläßt die Königin das Nest nicht mehr. Es sind inzwischen genügend Arbeiterinnen geschlüpft, die das Nest vergrößern und die Larven und die Königin versorgen. Die Königin legt von nun an nur noch Eier. Im Laufe des Sommers 2000 bis 2500.

Oben auf dem Bild siehst du drei Wespeneier. Jedes Ei ist etwa einen Millimeter lang. Aus dem Ei schlüpft nach fünf Tagen eine kleine, weißliche, wurmförmige Larve ohne Beine. Sie scheidet eine Flüssigkeit aus, mit der sie sich in der Zelle festklebt, damit sie nicht herausfällt.

Bei der guten Fütterung mit Fleischbrei wächst die Larve schnell. Schon bald füllt sie die ganze Zelle aus (1). Hungrige Larven können sich sogar bemerkbar machen. Sie kratzen dann mit ihrem Mund an der Zellwand. Daraufhin werden sie von einer Arbeiterin gefüttert.

Die Larve häutet sich dreimal, dabei streift sie die alte, nicht mehr dehnbare und enge Außenhülle ab. Darunter liegt schon eine neue, noch dehnbare Außenhülle. Nach der Häutung wachsen die Larven solange, bis die neue Außenhülle fest ist.

Die Larvenzeit dauert etwa 15 Tage. Dann verpuppt sich die Larve. Dazu spinnt sie mit ihren Spinndrüsen am Kopf Fäden und baut daraus eine feste Hülle mit einem Deckel. Die Puppe oder der Kokon ist fertig.

In den nächsten zwei Wochen verwandelt sich die Larve in der Puppe zur fertigen Wespe (2-6). Diese beißt den Deckel auf und kriecht aus der Zelle.

Die unbewegliche Puppe wird oft als Ruhestadium bezeichnet. Aber die Bilder rechts zeigen dir, wieviel in dieser „Ruhe" geschieht. Aus der fußlosen, wurmförmigen Larve wird eine vielgliedrige Arbeiterin, Königin oder Drohne.

1

Eine Wabe mit sechs seitlich geöffneten Zellen. Links (1) siehst du eine Larve. Rechts in den Zellen 2-6 Puppen in verschiedenen Entwicklungsstadien. In Zelle 2 kurz nach dem Verpuppen, in Zelle 6 kurz vor dem Schlüpfen aus der Puppe.

2 3 4 5 6

Ei Larve Puppe Wespe

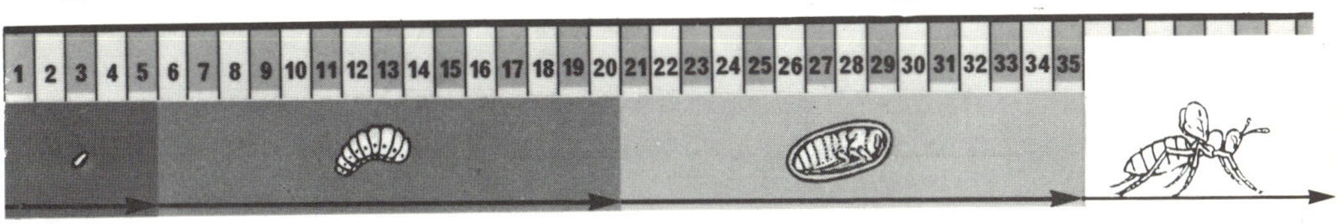

Arbeiterin, die Larven füttert.

Die meisten Tiere im Wespenstaat sind Arbeiterinnen. Sie sind unfruchtbare, weibliche Tiere. Verfolgen wir einmal ihren Lebenslauf.

Die frisch geschlüpfte Arbeiterin hat zunächst noch eine weiche Außenhülle. Sobald sie hart ist, beginnt die junge Arbeiterin, im Nest mitzuarbeiten. In den ersten beiden Lebenstagen verläßt die junge Arbeiterin das Nest nicht. Sie nimmt von den heimkehrenden älteren Arbeiterinnen Fleischsaft in ihren Kropf auf und füttert damit Larven. Außerdem säubert sie Zellen, aus denen kurz vorher Wespen geschlüpft sind. Sie entfernt dabei auch die Reste alter Kokons. In die gesäuberten Zellen legt die Königin wieder Eier.

Weiterhin hilft die junge Arbeiterin beim Reparieren und weiteren Ausbau des Nestes.

Dann kommt der Zeitpunkt, an dem sie zum ersten Mal das Nest verläßt. Zunächst fliegt sie nur in die nähere Umgebung des Nestes, so etwa vier bis fünf Meter weit. Sie lernt dabei ihre nähere Heimat kennen. Allmählich entfernt sie sich immer weiter vom Nest. Sie beginnt jetzt, Baumaterial zu sammeln, also totes Holz. Sie nagt es mit ihren kräftigen Kiefern ab und zerkaut es zu einem Brei, den sie im Kropf sammelt. Ist der Kropf gefüllt, kehrt sie ins Nest zurück und gibt den Holzbrei an eine jüngere Arbeiterin ab. Diese baut damit das Nest aus.

Links:
Arbeiterinnen beim Reinigen von Zellen, aus denen Wespen geschlüpft sind. Die mit einer weißlichen Haube verschlossenen Zellen sind Puppenwiegen.

Dann jagt die Wespe Insekten. Sie geht allein auf Jagd. Es ist unbekannt, ob die Wespen sich gegenseitig über das Vorkommen von Beutetieren verständigen können. Sobald sie ein Beutetier erlegt haben, beißen sie ihm die Flügel und Beine ab. Dann zerlegen und zerkauen sie den fleischigen Körper. Den Fleischbrei sammeln sie im Kropf. Im Nest füttern damit später jüngere Arbeiterinnen die Larven. Ausgewachsene Wespen ernähren sich nicht davon.

Im nächsten Lebensabschnitt sammelt die Wespe Nektar und andere süße Pflanzensäfte. Einen Teil davon frißt sie selbst, das meiste speichert sie im Kropf. Bis sie ihren Kropf mit süßem Saft gefüllt hat, muß sie meistens viel länger als zum Holzsammeln oder Jagen vom Nest wegbleiben. Den süßen Saft gibt sie, ins Nest zurückgekehrt,

Eine Wespe beim Nektar sammeln. Zwischen den gelblichen Kiefern ist die rötliche Zunge der Wespe gut zu erkennen. Mit der Zunge saugt die Wespe den Nektar aus der Blüte.

an eine andere Wespe weiter. Diese frißt etwas davon. Den übrigen Saft speichert sie im Kropf, bis sie ihn an eine andere hungrige Wespe abgibt. So wandert der Saft im Stock weiter von Wespe zu Wespe, bis er aufgezehrt ist. Der süße Saft ist die Nahrung der erwachsenen Wespen.

Im letzten Lebensabschnitt wird die Wespe zur Wächterin. Sie bewacht den Eingang des Nestes. Wollen fremde Wespen oder andere Tiere ins Nest hinein, so vertreibt sie diese durch Bisse mit ihren kräftigen Kiefern.

Wie alt wird nun eine Arbeiterin? Das hängt von der Jahreszeit ab. Im Frühsommer, wenn es lange hell ist, lebt die Arbeiterin 14 Tage, im August dagegen 22 Tage. Manche Arbeiterinnen werden bis zu 30 Tagen alt. Zum Vergleich: eine Königin lebt gut ein Jahr.

Eine Hornisse als Wächterin am Nesteingang

Das fertige Nest

Im Frühjahr beginnt die Königin allein mit dem Nestbau. Später helfen ihr dabei die frisch geschlüpften Arbeiterinnen. Ab Juni bauen Arbeiterinnen das Nest allein weiter.

So wächst im Laufe des Sommers ein Nest aus einigen tausend Zellen heran. Diese Zellen sind in mehreren Waben übereinander angeordnet. Sie werden durch die mittlere Stütze und die seitlichen Träger waagerecht gehalten. Im Sommer bauen die Arbeiterinnen sogar die inneren Schichten der Hülle ab und bauen daraus Zellen auf.

Das Nest kann schließlich die Größe eines Fußballs erreichen.

Die Wespen, die ihr Nest in der Erde bauen, müssen häufig die Erdhöhle im Sommer mehrfach vergrößern. Sie feuchten dazu die Erde mit Speichel an und formen aus der feuchten Erde kleine Klumpen. Diese schleppen sie zwischen den Kiefern fort. Kleine Steine rollen sie gemeinsam aus der Erdhöhle heraus. Unter größeren Steinen schaffen sie die Erde beiseite, so daß sie tiefer einsinken.

Für den Nestbau holen die Wespen häufig Holz von verschiedenen Fundorten. Das kannst du an der unterschiedlichen Färbung der Nestwand auf dem unteren Bild erkennen. Jeder andersfarbige Streifen stammt von anderem Holz. Mit dem Nestbau hören die Wespen Mitte Juli bis Mitte August auf. Als letztes bauen sie besonders große Zellen für die Aufzucht von Königinnen und Drohnen.

Der Eingang zu einem unterirdischen Wespennest. Die Wespen, die herauskommen, tragen Erde aus der Höhle.

Stark vergrößerter Ausschnitt aus der Hülle eines Wespennestes. Das unregelmäßige Streifenmuster rührt daher, daß die Wespen für den Bau Holz von verschiedenen Fundorten verwendet haben.

Dieses fertige Wespennest hat etwa die Größe eines Fußballs. Unter dem Nest liegen Steine, die die Wespen nicht aus der Höhle bringen konnten.

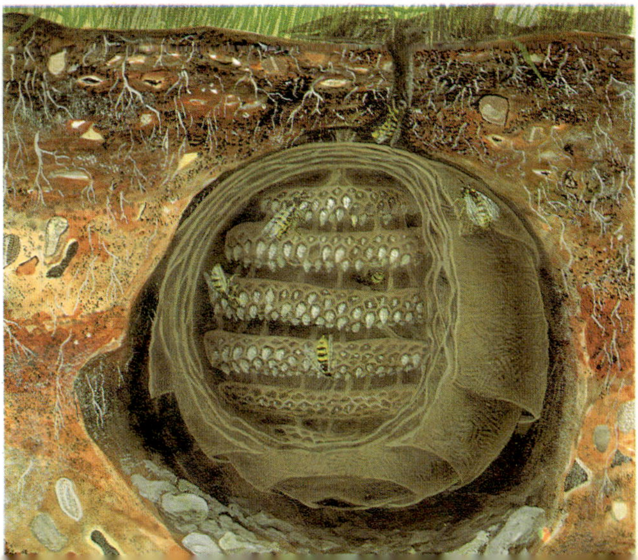

Im Hochsommer bauen die Arbeiterinnen im Nest in den unteren Waben besonders große Zellen. Die Königin legt in jede Zelle ein befruchtetes oder ein unbefruchtetes Ei. Aus den befruchteten Eiern entwickeln sich neue Königinnen, aus den unbefruchteten Drohnen.

Die neuen Königinnen und Drohnen bleiben zunächst noch im Nest. Sie werden von den Arbeiterinnen gefüttert. Häufig paart sich eine neue Königin schon im Nest mit einer Drohne. Sonst geschieht es Ende August auf dem Hochzeitsflug. Sie empfängt bei der Paarung soviel Sa-

In den Zellen mit den weißen Kuppeln haben sich Larven verpuppt. Aus den besonders großen Zellen schlüpfen neue Königinnen und Drohnen. Aus den anderen Zellen Arbeiterinnen.

Drohnen am Eingang eines Wespennestes

menzellen, um 3000 bis 5000 Eier damit im nächsten Jahr zu befruchten.

Die Drohnen und die begatteten Königinnen kehren vom Hochzeitsflug nicht ins Nest zurück. Die Drohnen sterben draußen. Die Königinnen suchen sich einen geschützten Platz zum Überwintern.

Im nächsten Frühjahr gründet sie dann ein neues Wespenvolk. Sie legt zunächst nur befruchtete Eier, aus denen nur Arbeiterinnen heranwachsen. Im Hochsommer legt die Königin die gleichen befruchteten Eier, aber in besonders große Zellen. Die Larven, die daraus schlüpfen, werden besonders gut gefüttert. Sie werden viel größer als andere Larven. Aus ihren Puppen schlüpfen später neue Königinnen.

Was aus einem befruchteten Ei heranwächst, eine Arbeiterin oder eine neue Königin, hängt von der Fütterung der Larven ab. Aus gut gefütterten Larven werden Königinnen.

Im Sommer legt die Königin auch unbefruchtete Eier. Dies ist nur möglich, weil der bei der Begattung übertragene Samen im Hinterleib der Königin gespeichert wird. Die Befruchtung eines Eies, also die Vereinigung einer Eizelle mit einer Samenzelle, erfolgt erst kurz vor der Eiablage.

Eine neue Königin in ihrem Versteck. Sie überwintert hier in einem Bretterstapel.

Sobald es im Herbst kälter wird, sind die Wespen „über Nacht" verschwunden. Gestern schwärmten sie in der Küche noch um den Kuchen, heute können wir das Fenster offen lassen. Keine Wespe kommt mehr. Wo sind die Wespen geblieben?

Der Frost in der letzten Nacht hat die Temperatur im Nest tief sinken lassen. Viele Wespen sind schon tot, andere sitzen regungslos im Nest.

Die mehrschichtige Schutzhülle um das Nest hat die Kälte nicht abhalten können. Dabei ist diese Hülle in der wärmeren Jahreszeit ein guter Schutz. Sie hilft mit, im Sommer die Temperatur bei etwa 30° zu halten. Wird es im Nest kälter, dann geben die Körper der Wespen verstärkt Wärme ab. Ist es im Nest zu warm, dann schlagen die Wespen, wie die Bienen, mit den Flügeln. Sie treiben dadurch die warme Luft durch den Eingang aus dem Nest hinaus. Steigt die Temperatur dennoch weiter an, dann holen die Wespen Wasser ins Nest. Sie verteilen es darin. Das Wasser verdunstet. Dazu verbraucht es Wärme, und im Nest sinkt die Temperatur.

Im Herbst, wenn es immer kühler wird, sinkt langsam die Temperatur im Nest. Schließlich genügt eine kalte Nacht, um das Nest auszukühlen. Aber allein dadurch geht das Wespenvolk nicht ein. Die Wespen sind zu diesem Zeitpunkt schon durch Hunger geschwächt. Sie haben schon seit einigen Wochen nicht mehr ausreichend zu fressen gefunden. Deshalb füttern sie auch die Königin und die Larven seit einiger Zeit nicht mehr. Diese sind schon gestorben, oder werden durch die erste Kälte getötet.

Mit dem Tod der Königin bricht die alte Ordnung im Nest zusammen. Die Arbeiterinnen sind jetzt sehr angriffslustig. Sie kämpfen sogar miteinander. Viele Arbeiterinnen verlassen jetzt das Nest und kehren nicht mehr zurück. Sie gehen draußen ein.

Als einzige überlebt nur die neue Königin in ihrem Versteck die kalte Jahreszeit. Sie gründet im nächsten Jahr ein neues Volk.

Diese beiden Wespen gehören zum gleichen Volk. Jetzt im Herbst kämpfen sie miteinander, weil die alte Ordnung im Nest zusammengebrochen ist.

Einige Verwandte unserer Wespen

Es gibt bei uns 60 verschiedene Wespenarten, die gesellig in Völkern leben oder deren Nachwuchs in einem Wespenvolk aufwächst.

Die größte einheimische Wespe ist die Hornisse. Die Arbeiterinnen werden bis zu zweieinhalb Zentimeter lang. Die Hornissen leben im Wald. Dort bauen sie ihr Nest in hohlen Bäumen oder in Nistkästen. Von allen unseren Wespen bauen die Hornissen das größte Nest. Es kann bis zu 50 Zentimeter hoch und 40 Zentimeter breit sein. Es unterscheidet sich nur durch die Größe von dem beschriebenen Wespennest. Die Hornissen sind Jäger. Sie jagen Insekten. Zu uns in die Wohnung kommen sie nur selten. Viel häufiger als die Hornissen besuchen uns die Tiere, die wir „Wespen" nennen. Es sind zwei Wespenarten, die nur der Biologe unterscheiden kann: die Deutsche Wespe und die Gemeine Wespe.

Vor dem Stich der Hornissen und der „Wespen" fürchten wir uns. Unangenehm ist auch der Stich der Roten Wespe. Du kannst sie leicht an ihrem rötlichen Hinterleib erkennen. Sonst hat sie die dir bekannte Wespengestalt. Die Rote Wespe kommt nur ganz selten in unsere Wohnungen. Du begegnest ihr an Abfallhaufen oder sandigen Plätzen. Die Waldwespe baut ihr Nest im Gebüsch. Sie sticht nur ganz selten einmal einen Menschen.

Alle diese Wespen bauen Nester und ziehen darin ihre Larven selbst auf. Zwei Wespenarten, die keinen deutschen Namen haben, überlassen die Aufzucht ihrer Brut anderen Wespen. Es sind die Pseudovespula adulterina und Pseudovespula omissa. So heißen sie in der Fachsprache.

Diese beiden Wespen bauen keine Nester und gründen keine Völker. Es gibt nur Königinnen und Drohnen. Eine Königin dringt in ein Nest der Roten Wespe oder der Baumwespe ein. Sie legt dort ihre Eier in leere Zellen. Vermutlich tötet sie vorher die Königin, die in dem Nest zuhause ist.

Eine Hornissenkönigin am Nesteingang

Ein Wespennest im Gebüsch. Unten kurz oberhalb der Spitze ist der Nesteingang. Er befindet sich auf der Nestseite, wo nur selten der Wind weht.

Die Arbeiterinnen ziehen die fremden Larven auf. Aus den Puppen schlüpfen Drohnen und neue Königinnen. Die fremde Königin legt immer weiter Eier in leere Zellen. Allmählich gibt es im Nest immer weniger angestammte Arbeiterinnen und immer mehr fremde Drohnen und neue Königinnen. Das alte Volk stirbt langsam aus. Die Eindringlinge nehmen dagegen zu. Diesen Vorgang nennt der Biologe Parasitismus oder Schmarotzertum. Er bezeichnet ein Lebewesen, das auf Kosten eines anderen Tieres lebt, als Parasit oder Schmarotzer.

Die Schmarotzer verlassen schließlich das Nest. Die Drohnen begatten die Königinnen. Diese begatteten Königinnen überwintern und suchen sich im nächsten Frühjahr ein neues Nest.

Die meisten Wespen leben bei uns nicht in großen Völkern zusammen. Viele leben in kleinen Gruppen, die meisten sogar als „Einzelgänger".

Dazu nur ein Beispiel: die Töpferwespe. Ganz allein baut sie ihr Nest aus Lehm an einem Pflanzenhalm. In dem Nest sind bis zu 30 Kammern. In jede Kammer legt die Töpferwespe ein Ei und als Nahrung für die Larve bis zu zehn Spinnen. Die Larven verpuppen sich im Herbst

Außen am Wespennest sind sich zwei Wespen begegnet. Sie betasten sich mit ihren Fühlern, um festzustellen, ob sie denselben Nestgeruch besitzen. Ist das nicht der Fall, dann wird die fremde Wespe angegriffen und vertrieben.

und überwintern in der Puppe. Im nächsten Frühjahr schlüpfen im Nest als erstes Männchen. Sie verlassen das Nest und begatten Weibchen, die in anderen Nestern geschlüpft sind. Jedes begattete Weibchen baut dann allein ein Nest und legt darin seine Eier ab.

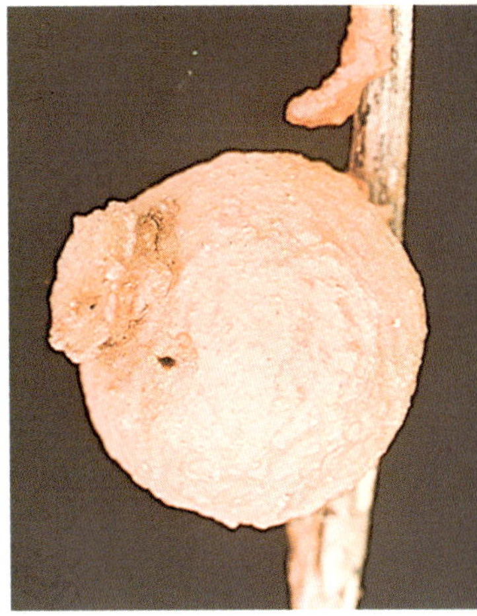

Das Nest einer Töpferwespe

Eine Töpferwespe

Auch in fernen Ländern leben Wespen. Hier ein Wespennest in Tansania in Afrika.

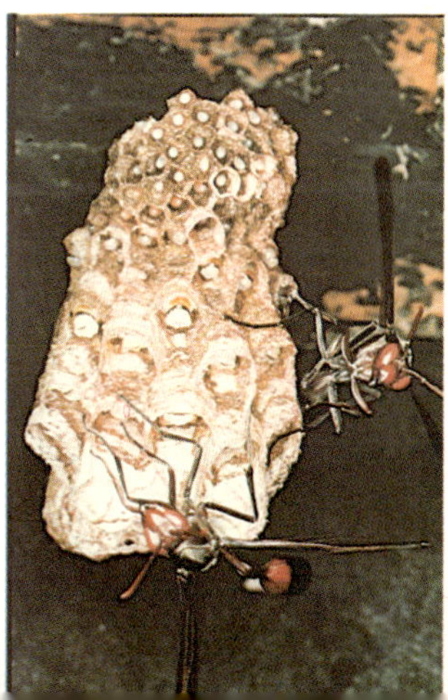

Links:
Der Stachel der Wespe. Gewöhnlich ist er im Hinterleib der Wespe verborgen.

Rechts:
Eine Kreuzspinne mit einer erbeuteten Wespe. Den Körper der Wespe hat die Kreuzspinne in viele feine Fäden eingehüllt.

Die meisten Menschen fürchten sich davor. Oben auf dem Bild siehst du den „Übeltäter". Diesen Stachel haben nur weibliche Tiere, also Königinnen und Arbeiterinnen. Der Stachel sitzt gewöhnlich im Hinterleib. Nur bei Gefahr kommt er hervor. Er dient den Wespen zur Abwehr von Feinden. Vor allem halten sie damit Eindringlinge vom Nest fern. Sie können damit auch Beutetiere lähmen.

Die Wespen stechen nur nach beweglichen Zielen. Verhältst du dich ruhig, wird dich kaum eine Wespe stechen. Erst wenn du dich bewegst, sieht sie in dir einen Feind, den sie abwehren muß.

In der Stachelspitze mündet der Kanal einer Giftdrüse. Beim Stechen fließt daraus Gift in die Wunde. Das Gift löst das Anschwellen rings um die Stichstelle aus, besonders bei Stichen in Augennähe. Das Auge kann dann vorübergehend zuschwellen. Bei einem stark schwellenden Stich solltest du sofort zum Arzt gehen. Lebensgefährlich sind nur mehrere Hornissenstiche in die Zunge oder in eine größere Ader.

Auch Wespen haben Feinde. Dazu zählt die Kreuzspinne. Sie spannt ihr Netz im Gebüsch aus. Sie sitzt ruhig in der Netzmitte und wartet auf Beute. Eine Wespe nähert sich und gerät ins Netz. Sie verfängt sich darin. Die Wespe versucht, sich zu befreien. Vergebens. Die Spinne eilt herbei. Sie läuft um die Wespe herum und hüllt diese dabei in unzählige feine Fäden ein, bis die Wespe vollständig eingesponnen ist. Dann schlägt die Spinne ihre Kiefer in die Wespe. Dabei gibt die Spinne Gift in die Wunde ab. Das Gift tötet die Wespe. Die Kreuzspinne frißt die Wespe erst, wenn sie hungrig ist. Dazu spritzt sie Verdauungssaft in den Körper der Wespe. Dieser löst das Fleisch auf, das die Kreuzspinne aufsaugt. Übrig bleibt nur die harte Außenhülle der Wespe.

Die Tat einer Wespe. Das Kind wurde unter dem linken Auge von einer Wespe gestochen. Das Auge ist fast zugeschwollen.

Sind Wespen nützlich oder schädlich?

Auf den Gedanken, daß Wespen nützliche Tiere sind, wirst du kaum kommen. Für dich sind es Schädlinge, weil sie dich stechen können.

Deshalb wäre es sicher besser, wenn es keine Wespen gäbe. Auch mancher Imker wird dir rechtgeben, denn Wespen töten im Frühjahr häufig Bienen als Futter für ihre Larven. In Südeuropa lebt eine Wespenart, die besonders viele Bienen jagt. Eine Wespe dort tötet bis zu 30 Bienen am Tag. Ein Wespenvolk kann in wenigen Wochen ein ganzes Bienenvolk an seine Larven verfüttern.

Unsere Wespen können Lebensmittel verderben. Sie lassen sich gern auf allen süßen Speisen nieder. Dabei können sie von verdorbenen Speisen Fäulniserreger auf frische Nahrungsmittel übertragen.

Alle diese Beispiele bestärken dich in der Annahme, Wespen seien Schädlinge. Zumal wenn du daran denkst, wieviele Früchte sie anbeißen, um den aus den Wunden fließenden süßen Saft aufzulecken.

Im Herbst ist das Bild rechts gar nicht so selten. Lassen wir dann einen aufgeschnittenen, reifen Apfel im Garten liegen, sitzen wenig später Wespen darauf und nagen Löcher hinein.

Andererseits fangen Wespen Fliegen, die sie an ihre Larven verfüttern. Fliegen sind Krankheits- und Fäulnisüberträger in unseren Wohnungen. So gesehen, sind Wespen für uns nützliche Tiere. Sehr nützliche Tiere sogar, denn ein Volk der Deutschen Wespe fängt im Sommer täglich einige hundert Fliegen. Auch auf Raupen machen die Wespen Jagd. Viele Raupen sind gefräßige Schädlinge an Kohl und anderen Nutzpflanzen.

Diese Beispiele zeigen es schon, unsere Wespen sind für uns Nützlinge und Schädlinge zugleich. Die Wespen erfüllen in der Natur ganz bestimmte Aufgaben, wie jedes andere Tier auch. Töten wir die Wespen, dann haben die

Reifes Obst ist ein begehrtes Futter der Wespen. Manchmal beißen Wespen sogar reife Äpfel am Baum an.

Fliegen einen Feind weniger und können sich stärker vermehren. Ebenso gibt es dann bald mehr Raupen. Um das Gleichgewicht in der Natur zu erhalten, ist es daher falsch, Wespen zu töten.

Manchmal bauen Wespen ihr Nest in einem Wohnhaus. Dann darf ausnahmsweise einmal ein Wespenvolk getötet werden. Das darf nur mit einem geeigneten Insektenvernichtungsmittel geschehen. Die richtigen Mittel gibt es im Samenfachgeschäft oder einer Drogerie. Sie dürfen nur von Erwachsenen und nur genau nach Vorschrift angewendet werden.

Dieses Bild ist im Herbst keine Seltenheit. Läßt du einen aufgeschnittenen, reifen Apfel draußen liegen, dann sitzen bald Wespen darauf. Sie nagen Löcher in das süße Fruchtfleisch.

Sachverzeichnis